지구불시착 글쓰기팁
초간단 편

글·그림 김택수

글도 쓰고 그림도 그리며
동네책방 지구불시착을
오래오래 하고 싶습니다.

동네 책방 7년차.
   이제 막 글 쓰는
재미를 알아가는 사람.

글쓰기는 약간의 테크닉도 좋고
예민함도 좋지만, 그보다
글쓰기를 즐기는 마음이 먼저입니다.
책과 책을 좋아하는 사람들이 함께 한
시간만큼 글은 좋아질 수 있다고 믿습니다.

이 책은 추천합니다

글 쓰고 싶은 사람에게
작가가 꿈인 사람에게
글이 어려운 사람에게
사랑하는 사람에게
리프레쉬가 필요한 사람에게
선물로 고민하는 사람에게
그냥 고민하는 사람에게
공부하는 학생에게
공부 안 하는 학생에게

책빵을 좋아하는 사람에게
퇴사하고 싶은 사람에게
면접 가는 사람에게
헤어진 사람에게

고백할까 말까 망설이는 사람에게

책 소개하고 싶은 사람에게

아이디어가 필요한 사람에게

아이유에게
뉴진스에게

⚽ 순서

글쓰기 전의 자세 9P

글쓰기 시작의 자세 27P

글 쓴 후의 자세 81P

부록 독립출판 대충 알기 91P

글쓰기 전의 자세

책 = 읽는 것, 그리고

책 = 좋아하는 것

글 = 잘 쓰는 것 ?
글 = 자주 쓰는 것 O

문학가들의 글쓰기-가드가 높다
우리들의 글쓰기 - 글로 논다
메시, 호날두, 손흥민만 축구하냐!

분위기의 법칙 ⚽

글 쓰는 사람에게는 분위기가 있다
분위기는 글을 나아가게 한다
작가는 스스로 분위기를 만들고
분위기는 작가의 글에 풍미를 더한다

에라모르겠다의 법칙

불가능을 가능하게 하고, 부끄러움을 용기로
미완성을 완성으로, 불안을 안도와 평화의 길로
안내하는 지구불시착 3대 법칙 中 하나.

생각하고 쓴다 ×

쓰면서 생각한다 ○

글을 위한 아이템 - 진짜로 잘 쓸지도 몰라

1. 키감 (mac)
2. 인터페이스 (브런치)
3. BGM (YouTUBE) 글 쓸 때 듣기 좋은 음악
4. 폰트 (kopub 바탕)

경험을 쓰면 에세이
나를 그로 바꾸면 소설

나는 아침에 일어나
그는 아침에 일어나

루틴이 필요해

좋은 루틴은 좋은 글을 만든다 - 하루게

하루게 - 달리기 - 글쓰기 - 달리기

- 하루게 - 글쓰기 - 달리기 - 글쓰기

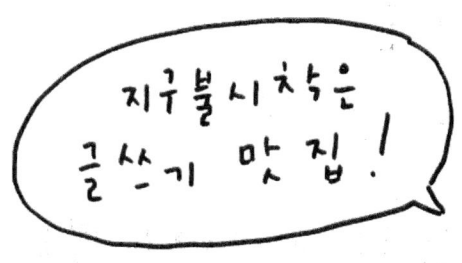

소설가 김훈은 연필을 준비한다
시인 김은지는 지구불시착에 온다
향이 좋은 핸드크림을 바르고, 글쓰기 좋은 음악을...

나는

법없이 산다

맞춤법 부끄러워 하지 말고

일단 쓰자

맞춤법 검사기!
https://~~www.~~ speller.cs.pusan.ac.kr

오타는 보물이죠. 발견하면 그 옆에 별을 그려요.
이 책에는 보물이 너무 많아요.

글쓰기 시작의 자세

나는 쓰는 사람입니다

꾸준하게 쓴다

약간의 의무 자존감!!

첫 줄
두려워 하지 말자
어차피 지워지는 경우가 많다

내가 쓴 글을 부끄러워 말자
어차피 나만 읽는다

하나만 만족해도 좋은 문장

공감 …… 이거 딱 나잖아!
경험 …… 나도 해보고 싶은데
상상력 …… 미쳤어 이사람 대박이야!
작가의 태도 …… 팬이야 그냥 좋아
디테일한 묘사 …… 문장력 뭐야!
지식 …… 뽑아 먹자!

산글을 읽자

쓰면서 읽고, 막히면 읽고

많이 읽으면 자연스러워짐

글자가 도로록 굴러갈 때까지

소리내어 읽어가며 본다.

글쓰기 분량에 대한 강박은 접어두자
단문도 충분!

글이 안 써질 때 고양이를 만진다.
고양이가 없을 땐 고양이를 그리면 된다.

거북이, 두루미, 래서판다
복순이 등 대체가능

말좀 그만시켜

지적질 좀 그만해

걸을 때, 버스에서, 카페에서도,
산책할 때도 눈에 보이는대로
　중얼 중얼 중얼 (가급적 문학적으로)

　　글은 입으로도 쓴다

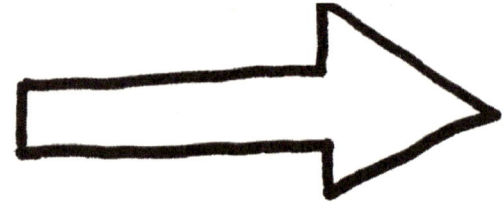

예) 마스크를 턱에 걸고
스마트 폰을 본다.
왼손에 고양이 모양의 타투가
보이는데 고양이 수염 한 가닥이
휘날린다. 자세히 보니
수염이 아니라 진짜 털이었다.
더 들여다 보니 타투가 아니라
희미한 돼지 점이었다.

공감의 빌드업

너무 바빠서 짜증나고 우울했다 ✕

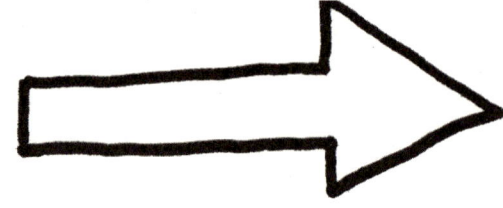

지각이라며 큰아이가 가방만들고 뛰어 나간다.
작은 아이는 밥을 입에 물고만 앉아 있다. 30분이 넘도록
밥의 양이 줄지 않는다. 참지 못하고 한소리 하려는데
큰아이의 과제물이 식탁 위에 그대로 있다. 오늘이 기한이라며
밤새 준비한 과제다. 앞치마를 풀고 자동차 키를 찾는데
프라이팬에서 계란이 다 타버릴 것 같다.

계란 빠진 김밥을 말다가 말다가
맛도 없을 것같고 모양도 예쁘지 않다.
남편에게 오늘은 도시락 없으니 사먹으라고 했다.

지인 찬스!!

주변 인물을 주인공으로 쓴다

(너가 주인공이야)

(진짜?!! 읽어 봐야지)

독자가 생긴다

지인이 　① 인물 설정이 쉽다
주인공 　② 독자가 생긴다

습관·말투·행동·대화를 떠올리며 쓴다

내 글에 병이 있다

조금 더 병, 너무병, 좋아한다 병 그리고 병
재있다 병 ... 나는 병 생각한다 병
것같다 병 어쩌다 병 아직 병

나는 내 글이 너무 좋다. 내 글에는 너무가 너무 많아서
조금 더 ~~너무~~ 너무를 줄였더니 너무 재밌는 것 같다.
그리고 조금 더 문장이 좋아졌다. 아직 너무가 너무 많은데
조금더 줄여야 한다고 나는 생각하는 것 같다

아이고야...

줄여도 문장이 되면 줄이자

글이 단단해지고, 비문이 사라진다

비문 非文 문법에 맞지 않은 문장

주어, 동사, 시제를 생각해 본다

주의하되 두려워 하지 말자

모든 문장이 명품일 수 없다
이미 쓴 문장에 좋은 글이 숨어 있기도 한다

너무 잘 쓴 척 하지 않는다
글은 그대로 보인다

자연스럽게 쓰는 습관이 먼저!

웃기려고 쓴 글 - 생각보다 재미없다
일상을 담백하게 쓴 글 - 생각보다 재밌다

최은주 작가의 독립출판책
〈고구마 백 개 먹은 기분〉 표지그림
의뢰가 들어 왔을 때, 고구마 백개
의미를 몰라서 많이먹어서 배가
볼록한 그림을 그렸다는······
　　　　오류의 끝판왕

글감에 맛을 더하는 MSG

신조어·사회현상·과학용어
두루두루 알아두자.

음악이 들려온다 ✕

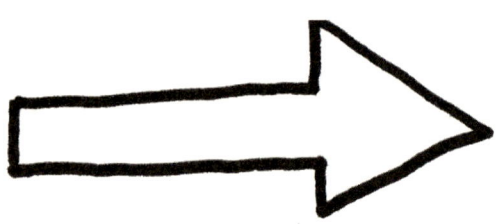

에릭 사티 그노시엔느 6번이 들려온다

음악 타이틀, 장르, 지역명
사람, 동물, 식물의 이름을
정확하게 써보자
신비한 현장감 + 유식해 보이는 효과

신묘한 글쓰기

인과관계를 부숴보자

예)

목적없이 버스를 기다렸다. 세 번째 버스를 타기로 했다. 버스가 도착했다. 야구모자를 쓴 고양이 버스 기사는 나를 제재했다. 그림자는 탈 수 없다고 말했다. 발을 털어 그림자를 풀었다. 버스는 비어 있었다. 뒤쪽 발통위 좌석에 앉았다. 버스가 출발하자 스피커에서 알란 파슨스 프로젝트의

타임 오브 시즌이 흘러나왔다.
달은 붉고 희미했다. 200년 만의 개기월식이
진행되고 있다

문장을 조금씩 확장해보기

사람이 많다 ✕
서너 사람의 행동을 구체적으로
묘사해 써보면 어떨까?

책방에는 다양한
사람들이 있었다.
두 명은 빗속으로 나갔고,
세 명은 맥주를 마시고,
커플은 마주 앉아 책을
읽고 나는 푸딩을 먹었다.

→

책방에는 다양한
사람들이 있었다.
다정해 보이던 두 사람은
조그마한 우산 하나를 함께 쓰고
빗속으로 걸어갔다.

「재밌는데?」

완결하는 힘!
완결하면 어지간한 글은 좋아보이는 현상

글 쓴 나는 모든 문장과 스토리의 전개를
이해하기 때문에
「생각보다 괜찮은데?!」

쓰다만 글보다 완결하는 습관 ⚽

멋 없는 글에 주의하자

흔해빠진 비유와 속담은 자제하자

마치 물에 빠져 지푸라기도 잡는 사람처럼
개똥도 약에 쓰려면 없는 것 처럼

보다는 내가 만든 문장을 쓰면 신선도 UP
" 귓 속에 개미가 들어간 것 같아 "

모든 상황은 글감을 위해 존재한다
카페 소경, 전철소경, 직장의 분위기
쓰는 습관이 있다면 써진다

동그라미의
일기

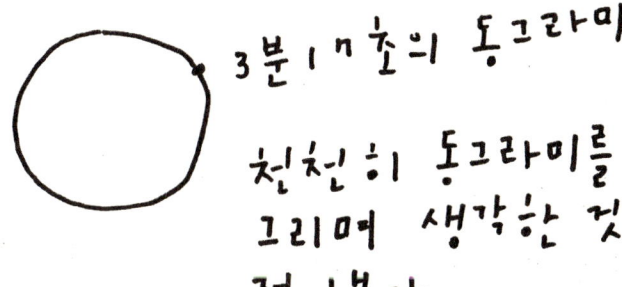

3분 1개초의 동그라미

천천히 동그라미를
그리며 생각한 것을
적어본다

직장의 분위기

언제부터인가
손님이 없을 때는 책방 입구를 바라보는 습관이 생겼다.
책방 바로 앞에는 7차선 횡단보도가 있다.
열 명이 책방 쪽으로 건너오다가 다섯 명이
오른쪽으로, ~~4명이~~ 네 명이 왼쪽으로, 나머지
한 명은 오던 길을 돌아갔다.

나는 ~~체크함을~~ 아이스 아메리카노를 한 모금 마시고
책만들던 일을 계속했다

전철 소경

검정 모자와 핑크 공주는 나란히 앉아 머리 각도를 맞추고 잠들었다. 전철이 흔들릴 때마다 검정 모자의 머리와 핑크 공주의 머리가 리듬을 탄다. 그 모습이 짧고 뚱뚱한 와이퍼 같아서 귀여웠다. 전철은 창동역을 지나고 있다. 내 앞에는 남자 학생처럼 보이는 곰이 서 있다. 학생 곰은 덩치에 비해 너무 작은 백팩을 매고 스마트폰을 보고 있다. 빈자리도 많은데 내 앞에 서서 전철이 흔들릴 때마다 큰 스텝으로 중심을 이동한다.
전철이 흔들리면 검정 모자와 핑크 공주는 머리를 흔들고,

전철이 흔들리면 학생 곰은 스텝을 밟는다. 나는 이번 역에 내린다.
잘가세요. 검정 모자, 핑크 공주. 잘가 학생 곰.
전철은 너때문에 흔들리는 거야.

카페 소경

넓은 곳인데 빈자리가 없다.
다들 뭔가 하고 있다.
기다리고 있고, 자고있고, 수다, 비즈니스, 독서.
별다른 목적 없이 두리번두리번 하는 사람도 있다.
내가 속한 그룹은 두리번이다. 사실은 수다그룹에 끼고 싶지만
나는 혼자다. 내 왼편은 쭉 혼자 온 사람들인데 먼 쪽부터
남, 여, 여, 곰, 여 가 순서대로 스마트폰, 스마트폰, 아이패드, ~~예여~~ 맥북에어
발가락을 가지고 놀고있다. 난 손이 카페가 좋다. 세이렌이라던가?

고단한 어부를 노래로 유혹하는 신이라던가? 아무튼 피곤한 나는 유혹에
약하다. 왕관을 쓰고 꼬리가 두 개인 초록색 여인을
그리는 대회가 있어도 재밌겠다.
언젠가 내가 그린 여인을 닮은 사람을 만나면
이렇게 말해주고 싶다.
"당신은 그 인어를 닮았네요"

미지의 친구들

사진 찍고 제목 짓고

이미지에 적합한 짧은 문장 완성하기

프레임 밖의 영역까지 생각해

    글을 써보자

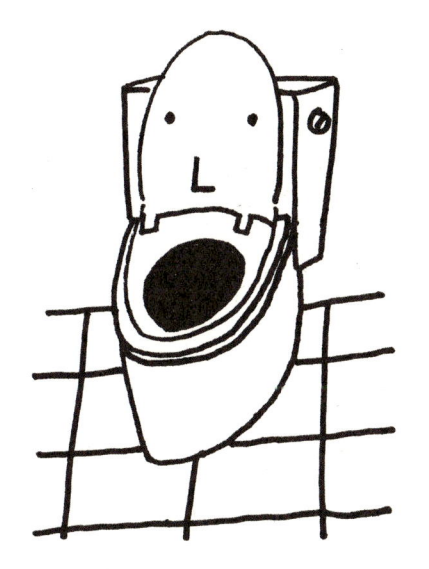

Mr. 변
놀라지 말라.
혼자있기 좋아한다.
깨끗한 걸 먹고
더러운 것을 내놓는
인간들을 감사하자.
더러운 것을 먹어도
청결은 나의 운명

발견한 것들에 이야기를
입힌다 - 스토리텔링

머리는 회색 장발, 숱이 굵고 항상 젖어 있다. 두눈은 휘둥그레하여 크고 투명하다. 주둥이는 길고 빨대를 물고 있고 빨대의 굵음은 힘을 상징한다. 대부분 made in china 라는 타투가 있다. 그 타투는 고향을 의미한다.

대담
지인과 나눈 대화와 동작,
상황을 기억해서 차분하게 써보자.

○○ : 오늘은 아이스로 주문 해 볼게요

○○ : 아이스 아메리카노요

○○ : 아아아 잠깐만요

○○ : 네?

○○ : 따뜻한 커피 할게요
  아니 역시 분다버그가 좋겠군요.

○○ : 분다버그가 시원하겠죠?

○○ : 퀴즈인가요?

○○는 고개를 숙이고 아주작은 혼잣말로
  이 사람 보통이 아니야 라고 한다.

주위에서 들리는 대화

아무도 없어서 사랑 말이 없다.
파리가 잡아 보라 하고
모기는 무궁화 꽃이 피었습니다
노래를 부르고
스파티필름은 물 주라 한다.
손님이 왔다. 화장실이
어디냐고 묻는다.
볼일만 보고 후다닥 나가신다.

(글이다 클럽!)

함께 쓰고 함께 읽을

그룹이 있으면 좋다

나의 글을 읽어주는 사람의 귀함을

잊지 말자

글 쓴 후의 자세

우리가 노력하지 않으면
아무도 읽어주지 않는다

낭독 - 부끄러워 말자
낭독하면 고칠 곳이 보인다.
낭독 잘 하면 글도 좋아보인다

낭독
요령

일단 천천히 읽는다
한 문장은 한 번의 호흡으로 읽는 연습

저 오늘 시 썼어요^^
　　　-등단 9년차 시인의 기쁨-
저 오늘 글 썼어요^^
'나는 글 쓰는 사람입니다'
'글 쓰면 기분이 좋아집니다'
라는 최면효과!!

아무도 읽어주지 않음

"너의 글은 절대 안 읽을거야!"

이렇게 말하는 것 같음

무명시절 김영하도 그랬다고 한다

누구라도 내 글을 읽어주면 기분이
정말 정말 정말 정말 좋아요

중요한 건, 내 독자를 만나는 것

퇴고 퇴고 퇴고 퇴고 …… 퇴고 퇴고 퇴고
퇴고는 하면 할수록 좋다고는 하지만
언제까지 퇴고만 할거야!
결국엔 "에라 모르겠다"

이제그만 진행해!!

주변인의 글쓰기팁

미하 - 마감시한을 정해둔다
경란 - 짜낸다 방법없음
미나 - 공간설정을 먼저 한다
소연 - 내가 쓴 문장은 나밖에
        쓸 수 없는 문장임을 명심하라
은지 - 지구불시착에 간다
현근 - 음……

부록 독립출판 대충 알기

독립출판이란 홀로서기 獨立

산업화, 기계화의 시대를 거치며 양질의 프로세스와 비용절감은 대량생산에 용이했지만, 우주의 거의 모든 에너지는 반발력의 법칙이 있기 마련이다. 이미 거대화된 시스템으로부터 나와 홀로서기 하는 활동을 독립이라고 말할 수도 있다.

영어권에서 말하는 리틀프레스 즉 소규모 출판이라 하면 이해가 빠를 것이다. 독립출판은 시스템으로부터의 반발력으로 발전한다. 따라서 기획과 글쓰기, 편집, 인쇄 넘기기, 출간 후 마케팅과 유통까지 혼자의 역량을 최대한 끌어모아서 출판하는 활동을 독립출판이라고 해볼까.

	독립출판	기성출판
출판	한번 해볼까?	투고 - 이런원고 가능할까요? YES NO
기획 편집 디자인	내가	전문가
마케팅	내가	전문가
유통	내가	시스템
수입	내가?	출판사 90 작가 10~

독립출판의 기획

이런 책 만들면 재있겠다

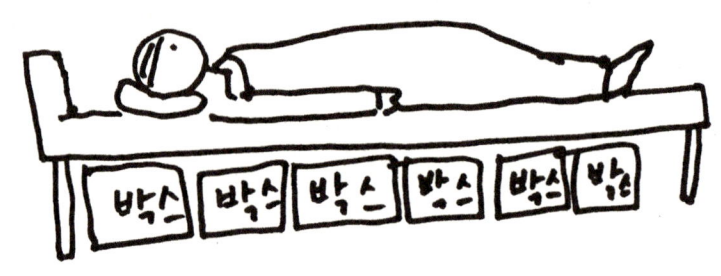

재고 →

독립출판의 유통

출판 ⚽

기획하고 글쓰고 편집 디자인 인쇄
홍보 유통까지 책과 관련된 유려한 드리블을
총칭 출판이라고 해볼까?

다양한 종류의 태클을 피해야한다
지인들의 폭풍잔소리, 오탈자, 인쇄사고, 손익 계산 ……

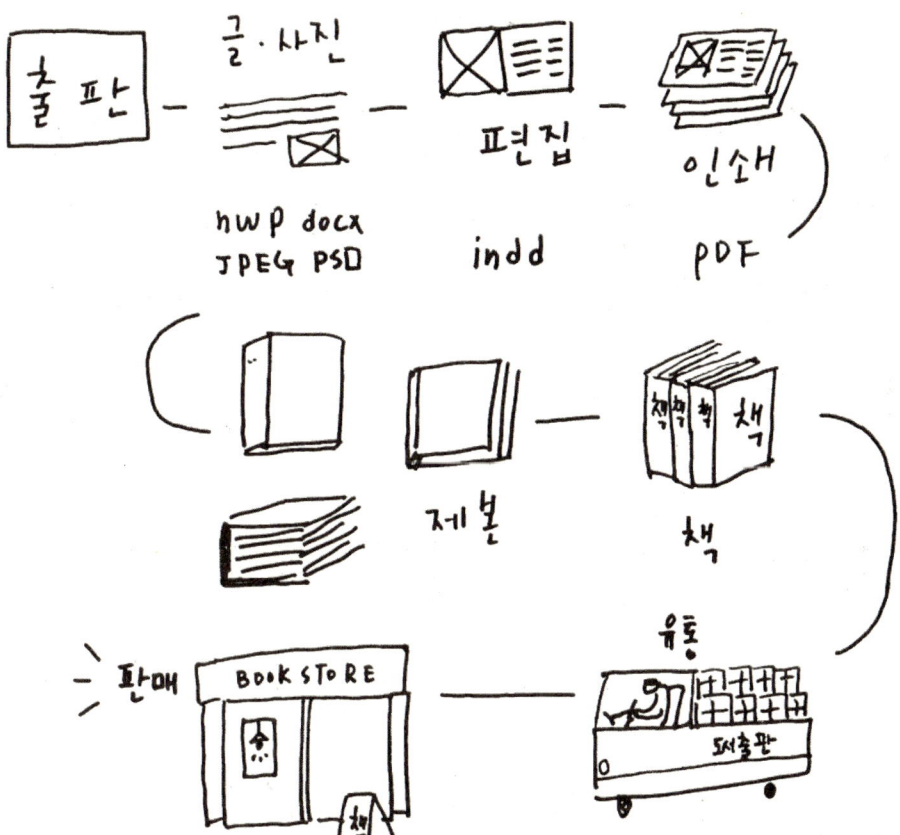

추닉

우리들에게는 어떤 이유로든 써놓은 글이 있고, 사진과 그림이 있다.
이것들로 책 만드는 일은 그리 어려운 문제가 아니다.
번뜩이는 아이디어 한 스푼, 대충의 마인드 500g, 약간의 돈과 의지
정도면 충분하다. 완벽주의자라면 좀 더 시간이 걸릴 수도 있다.
무거운 한 발을 내딛을 수 있는 100만 마력의 엔진과 같은
대충 잘 하는 마인드가 당신의 출판활동을 돕게 될 것이다.

당신의 예민함을 보류해두는 것도
좋은 선택이 될 수 있다.

난 대충주의자!
있는거로 대충
↓
금방 책 나옴
↓
판매시작
↓
두 번째 책도 나옴
↓
판매시작
↓
작가

난 완벽주의자!
조금만 더 손보자
↓
○○부럽지만 아직
↓
○○부럽지만 더하자
↓
??부럽다
↓
??화나고 부럽다

기성출판   우리가 아는 그런책
            교보, 알라딘, 예스24

독립출판 . ZINE

ZINE은 일반적으로 복사기를 통해
재생산되는 원본 또는 텍스트 및 이미지의
소규모 자체 출판 작품

책에는 이런 것이 있다.

글·사진, 여백, 규칙

여백: 독자에게는 보이지 않음
　　　편집자에게만 보임

편집 프로그램 들어봤나 인디자인 Id

모든 인쇄물의 삼신할미

책, 브로셔, 리플렛, 포스터...

인디자인
최소 10가지 정도안 알아도이<!

도큐멘트 여백 글·사진 불러오기
폰트 정렬 마스터 페이지 내보내기

더 많이 알면 전문가

조금 아는 기능을 잘 사용하면 프로페셔날

PDF

편집 ------> 인쇄

워드
한글
인디자인   PDF
일러스트
포토샵
엑셀

"pdf로 보내주세요"

인쇄

가정용 프린트

인디고 (디지털 출력)

옵셋

인디고 - 소량 (100부 이하)

옵셋 - 대량 (500부 이상 선택)

100부 — 500 (101부 - 499부 애매함)
　　　　　　　애매할 뿐

제본

무선제본   중철제본
(떡제본) (스테이플러, 실)

인터프로 인디고, 성원애드피아, 알래스카인디고 등

빠르고 간편한 출판월드 입문
라면 먹으면서 주문가능 시스템

책등 사이즈
단가등을 한눈에
알수있다.

판형
제본방법
표지 날개 유무
책등 사이즈 확인
표지 종이선택 인쇄도수 단면 양면 칼라 흑백
내지 종이선택 페이지수 단면 양면 칼라 흑백
면지 유무
코팅 유무

인쇄 넘기기 전 체크사항   확인 두번 하자

북페어
리틀프레스, 퍼블리셔스테이블
베어북마켓, 언리미티드에디션
국제도서전, 소소시장

진짜
독립출판의 시작

북페어 참가 - 독자를 만난다
　　　　　　　내 책을 사준다
　　　　　　✧ 사인하는 내 모습 ✧

다 그렇지 않아요
나와같은 처지의
작가를 만난다

나... 「왜 내책만 안 사지?」

「우리끼리 재밌게 해요 ^^」

옆자리 작가

「그럼 친구할까요 우리」

(책 소개)
기획의도가 정확하면
책 팔 때 유리함

입고신청 메일 보내기

기획의도, 작가소개, 주요 독자층, 차례와 내지 사진 또는 파일을 정리해 보도자료를 만든다.

글을 긁어서 홍보에 사용할 수 있도록
PDF 보다는 한글이나 워드형식이 좋아요···
　　　　　　　　　　-책방대표의 변-

글 쓰기를 응원하며

글쓰기 모임에 대해 이야기할 때 사람들은 묻습니다. 강사가 누구냐고. 배움에 익숙하기에 그렇게 묻는 것일 겁니다. 글쓰기에 대한 각오 이전에 글쓰기를 배우겠다는 신념을 먼저 확인하는 것일지도 모르겠습니다. 저는 당당하게 말합니다. 글에 관해서 선생님은 없습니다. 만약에 글쓰기 선생님이 있다면, 그는 글을 쓰고 있는 자신이고, 내가 쓴 글을 읽어주는 독자 라고 말하고 싶습니다.

글을 써 보고 싶다는 욕망은 이미 알고 있었고,
　　글을 쓸 수 있다는 자신감은 여전히 부족합니다.
그럼에도 글에 대한 시간과 애정을 아끼지 않습니다.
그런 과정에서 글은 아주 느린 속도로 단단해질 것이라
믿고 있습니다. 글은 여전히 부끄럽고, 또 한편으론
자랑하고 싶기도 합니다. 아무리 글쓰기를 업으로 살아온
작가라도 쓴 글이 모두 걸작일 리가 없습니다.

그래서 우리는 부끄럽지만
최소한의 자존감을 유지하고
계속 계속 글을 써야 합니다.
　　　　　　　- 김택수 -

마지막으로 하고 싶은 말
재밌다고 하지만 말고
사주세요

지구불시착

지구불시착
글쓰기팁
초간단편

초판 1쇄 발행 2023년 5월 30일
지은이 펴낸이 책임편집 김택수
펴낸곳 지구불시착
출판등록 2018년 11월 2일
제25100-2018-000074호
ISBN 979-11-91830-10-1
서울시 노원구 화랑로 464
9illruwa@gmail.com
instagram @ illruwa2